জাডা

A collection of Santali Poems and Songs by:

Late Gurudas Murmu.

JADA

A collection of Santali Poems and Songs.

Writer: Late Gurudas Murmu
Editor: Dr Chiranjib Murmu.

উছান্ আর ছাপা হচ্ছয়রে-
ডাঃ চিরঞ্জীব মুর্মূ
Behala
Kolkata-61

First Edition: April, 2023

পুঁথি গ্রামঃ ঠাঁত্ত-
emaildrchiranjib@gmail.com

Myth means a traditional beliefs, stories, and cultural practices that are passed down from generation to generation within a society. These myths are often used to explain natural phenomena, cultural practices, and the origin of the world or humans. They can be found in every culture and have become a way of preserving cultural heritage.

Myth often involves supernatural beings, such as gods, spirits, and monsters, and they play an important role in many cultures' religious and spiritual beliefs. These myths often serve as a way to explain the unexplainable, providing a framework of understanding the world around us, and the place of humans in that world.

They often hold a moral meaning as well, teaching virtues such as honesty, courage, and respect.

The study of myths is an important aspect of anthropology, sociology, and philosophy. Understanding various cultures' myths is essential to understanding the way they view the world around them. Myths are considered an essential part of human culture, giving an insight in the way humans think, feel, and recognize their place in the world. The power of myth has transcended time, space, and culture and continues to play an important role in shaping human society and our understanding of the world.

JADA is name of a plant. It is a very common plant in Indian rural santali villages specially in their backyard gardens. There are some kinds of myth about this plants. Its stem, seeds, oil and leaves are believed to be protector from evils of witch.

Hence this JADA is a protector from any unwanted social, geopolitical or economical crisis.

আরদাস্

জঁহার,

দিশমরেন গ-বাবা আর বয়হা মিশিকো, বঙ্গাতালা আকান্ ঁ গুরুদাস্ মুর্মূ আঃ অল্ অনল্ আর অনড়হেঁ খেরওয়াল জাতি সে হড় হপনাঃ সাহিত্য হারা রাকাপ্ রে তিনাঃ গড়য় এম্ দাড়েয়াঃ সে বাং অনা রেনাঃ আয় উমান্ দ দিশম্ হড়ঠেন্ গে লাদেয়েনা। নানাহুনার আয়মা আডি কটাং অল্ দায়াগেয় দহ গিডি হট আকাদা। জিউয়ি জেওয়েৎ তাহেনরে 'মনে গায়গম' পুঁথি আর 'খেরওয়াল জারপা' পত্রিকায় ছাপা সদর্ লেদা। আয়মা কটাং পুঁথি ক নিত্ হ ছাপা তাঙ্গিরে মেনাঃ আকাদা। তবেখান্ দিশম্ হড়াঃ সহৎ দ আডি কদর্ কাতে কয় আকানা। ঞেল-সাঁওহা কাতে পাড়হাও সজহে লাগিৎ আরোজ্ লে দহ কেদা। জঁহার-

ডাঃ চিরঞ্জীব মুর্মূ

MBBS(Cal)

MD (Radiodiagnosis)

Assistant Professor

Diamond Harbour Govt. Medical College & Hospital.

গাবেতেৎ

ঁগুরুদাস মুর্মূ আঃ নওয়া অল্-অনল্ কদ্ কংসাবতী ড্যাম্ তল্ সময় আবোরেন্ বেহির্লা হড়হপন্ ক্ ইদিকাতে অললেনা।

সানাম আদিবাসী কওয়াঃ হকদবী আদায়রে নিতিঁ সমানগে জিয়ঁড় তাঁহেনা জানিচ্ নওয়া অল্ কদ।

দিসহুদিশরে

শ্রীমতী জানকী মুর্মূ
ডাঃ রীতা মুর্মূ
অবন্তিকা মুর্মূ
ডাঃ সন্তোষ সরেন
ডাঃ গৌরাঙ্গ মান্ডী
ডাঃ স্বপন সরেন
ডাঃ আনন্দরঞ্জন বেসরা
ডাঃ সুরজিৎ বাস্কে
ডাঃ প্রেম হাঁসদা

কংসাবতীরেন্ বেহিল্লা হড়্

অনলিয়া-ঁগুরুদাস মুর্মূ

(নওয়া দ 'স্বাধীনতা' 'বসুমতী' এমান্
পত্রিকারে ছাপা সদর্ লেনা।)

নাহাঃ সেরেঞ

মারাং সড়প্ সড়পতে,
চিলিকান্ কো দীই সবোৎ সবোৎ ?
কীসীই তল্ টঠারেন,
বেহিলী রেসেচ্ হড়্,
হেঁদে আরাঃ চির্ আতে বোরোৎ বোরোৎ।
চেতে লীগিৎ দীই
অরে টিকর এরা হপন্,
হূদী হূদী দীইনা গামাল গামাল।
সুবী সরকার তুলুচ্,
সলা পরমাশ্ লাগিৎ,
দীবি ঔদীই হড়্কো দোমেল দোমেল।
চেৎ ক দীবিয়েদা?
চেৎক খকজ্ কানা ?
রেসেচ্ রাবাং চাঃ কো হারোনঃ কান্?
খকজ্ কানাকো,
অড়াঃ দুওয়ীর হাসা রেনাঃ হক্ দাম,
দীবিয়েদা ক হিলী আরোন।

****

দীবি ঔদীইরে

গুরুদাস মুর্মূ আঃ নওয়া অল্ দ 'স্বাধীনতা'
পত্রিকারে ছাপা সদর্ লেনা কংসাবতী ছল্
অক্ত।

লাগড়ে সেরেঞ

আলে দলে অড়াঃলেন,
কীসীই হেমাল্ বতরে,
কীসীই হেমাল্ বতরে,
সিবিল্ দিশমরে।

কীসীই গাডা ধারেরে,
দুলৗড় জানাম্ আতরে,
রেসেচ্ রাবাং উগু সুরু
রীস্কী তালারে।

কীসীই মা ক টাটিয়েৎ,
রুখা হাসা রষাড় লাগিৎ।
অড়াঃ দুয়ৗর হাসা ভিঁডা
ঝতয় উনুমেৎ।

দিশম্ রেয়াঃ ভৗলৗই লাগিৎ
ঝতগেলে আলায়েৎ।
সরকার্ দ ঔরি বীধি

বাং এ উইহাঁরেৎ।

হক্‌ আঃ গেলে দাঁবিয়েৎ
হক্‌ আঃ গেলে ঔদাঁয়া
বাঙ এ রেবেন সুবাঁ সরকার্‌
বালে রিকাঁয়া।

আলে হহাঃ গাড়ি হড়্‌,
অকা ইঁচং বালে তড়্‌।
সহদঃ পে দিশম্‌ বাবা
দায়াকাতে রড়্‌।

সরকার্‌ নুনাঁঃ কুমায়াওয়াম্‌,
বেহিলাঁয়েৎ লেকানাম্‌,
বালে হুলসাঁই দিশম্‌ দিশম্‌
হিলাঁ কালেমে।

নওয়া নাচার্‌ হালত্‌ রে,
দিশম্‌ ঔরি জুগুৎরে
একিনঃ পে দিশম্‌ বাবা
দাঁবি ঔদাঁইরে।

****

লাগড়ে সেরেঞ

ঁগুরুদাস মুর্মূ

বাজার্ রেঁহ লুগড়ি লাপোৎ ছান্ এন্
সানাম্ জিনিস্ চেতানরে সেঙ্গেল্ গেচং লাগাও
এন্,
জুরি হো,
চিকীঁতেলাং জিয়ৌড় দহ ক।

মাসে নেহে পরব্ পিহা সেটেরেন্,
অড়াঃ রেনাঃ রেৎপটম্ রসা রসাড়ু রহড়েন্,
জুরি হো,
চেৎ কদ যোগে জুদীয়ৌঞ্।

পালাট্ বাঁনুঃ বাঁদে গোঁদাঃ গোঁদেল্ টেপেল্,
হায়্ রে হায়্,
মেৎ মুঠীন্ জেটেল্ মেটেল্
জুরি হো
হড় সাঁওদ্ চিকীঁ ঞেপেলৌঞ্।

নুনুই লাগিৎ বীঁবু মাথয়্ খুনুঃ খুনুঃ
তওয়া একাল্ সেতেঞ্ বাঁনুঃ,
জুরি হো, চিকীঁতেদ বধাও জাপিদিয়ৌঞ্।

****

দিশম্ তামেলাম্
(অঁনড়হে)

গুরুদাস মুর্মূ

কয়গ্ মেশে হারে ফারে বাহা কিয়াঁ সেৎ,
জানুমানিচ্ গুনতে পেরেচ্ হড় ক বাহায়েৎ।
হড়মো শিকিড়্ জানুম্ পীটিঃ বাংক বতরাঃ,
আগ্সা আয়ুব্ কুড়ি কড়া দিনক শিবোড়াঃ।
বাহার্ বানুঃ এনইঁ ঝত হড়কো কুশিয়াঃ,
মিৎদিন্ ক চিয়াঁয় মাসে দিন্ ক হিরিয়াঃ।
আমইঁ বঠে হড় কানাম্ গুন্ দ মেনাঃতাম্,
গুনরেয়াঃ ডগর্ তেগে রৗস্কৗ রপামাম্।
কৗমিরেদ্ ছুট়াঃমে আলম্ হেঁহোলোগঃ,
বোগে কামিতেদ সৗরিধরম্ তেগেন্ দুগঃ।
সমাজ্ ভৗলৗই কৗমিরেদ হড় ক কুশিয়াম্,
রৗস্কৗতেক চেরেচ্ মেয়া দিন্ ক জঁহার্ আম্।
বুদ্ আকিল মেনাঃ তামা তিনৗঃ সাসাটাম্,
সাসাট্ তেগে ধপট্ কাতে দিশম্ তামেলাম্।।

****

ভিড় যুগ্

(অঁনড়হে)

গুরুদাস মুর্মূ

নওয়া যুগ্ কুলিযুগ নওয়া ভিড় যুগ্,
থির্ মনে দহয় মে আলম্ হায়চগ্।
মটর্ গাড়ি টেরাম্ গাড়ি ঝতরেগে ভিড়া,
দেচ্ কাতে সুক্ দ বাঁনুঃ জাংগে চিড়চিড়াঃ।
রেল্ গাড়ি দেজঃ সাদ্ আড়ি দিনাঃ রাঁস্কী,
দুড়ুপ্ রেয়াঃ আশ্ দ বানুঃ হড়ম টাস্ টাসকাঃ।
ডুবুচ্ কাতে নৈ ইঞ পারম্ বানার ঘাট্ ভিড়,
হাটবাজার্ চালাঃ ভিড় তহৎ তাকিচ্ ভিদাঁড়।
টুকি এঞল্ সেনঃ ভিড় টিকিট্ অড়াঃরে,
দকান্ রেঁহ ঠাঁও দ বানুঃ হড় গে থারে থারে।
ছাপাখানা পুঁথি অড়াঃ ভিড়তে আন্ চান্,
ঔপিস ক মা ঝত ভিড় আকান্ ভোর খন্।
টাটাঞ সেনঃ রাঁচিঞ সেনঃ সেনঃ ঔঞ
ডিগবয়,
হায়্ গটা টান্ডি ভিড় আকানা জাঙ্গা লাহা
দায়্।
হাসপাতাল্ ভিড় আকানা সিট্ দ বাঁনুঃ আর্,
ইস্কুল্ কলেজ্ ভিড় আকানা ভর্তি ইঁ ভার্।
কবি ক ক ভিড় আকানা খাতারে অল্ জাম,

পারমিট্ লাইসেন্স ভিড়তে বাঙ্ ঞাপাম্।
নংকা গটা ভিড় আকানা বাং গানঃ আ
তাড়াম্,
মন্ত্রী সান্ত্রিতে ভিড় আকানা দিশম্ তামাম্।।

****

নাহাঃ সেরেঞ

গুরুদাস মুর্মূ

ঝীরি ডাডি দাঃ লেকা,
রিলীমালা ফার্চা তিঞ্
নওয়া সান্তাড় সমাজ।
হায়রে গো
সমাজ তেহেঞ বডেঃ কানা,
দীয়ি আনায় অকয়্।
কৌসীই ততলিচ্ ততল্ কানাম্ কৌসীই,
সমাজ ইঞাঃ বডেয়েদাম্
ফার্চায় তিঞীয় অকয়?

****

আয়ো আঃ হহ

(অঁনড়হে)

ঁগুরুদাস মুর্মূ

কচারেদ সুঁদুচ্ কাতে চাঃবন হেম্বা আকান্
ডিগডিগ মার্শালেন্ এনহঁবন্ দুদড়ুমকান্।
অতে অতে জৌতি আয়োই হহয়েৎ আদ
বাবন্ বিলম্,
দে দেলা ঞ্ছিরাঃ আবন্ দেলা লগন্ লগন্।
ভারত আয়োরেন্ ঝেঁট্ বেটা আঃ নুনোঃ
কৌপি আঃসার,
গোপড়ো কাতে ডডয় মা আদ্ তিন্ দিন্ বন্
তাঁহেন্ আর?
মিৎ সাঁওতে মেনাবন্ দে জৌতি আয়ো
সারিগে,
বাইরী কিষোঁড় বতরতেক থার্ থারাঃমা আচ্
কাগে।
গুজ্জুঃ গেবন্ হেচ্ আকানা গচঁই আলম্
বতরায়া,
দিশম্ আয়ো লাগিৎ জিউয়ীম্ এমা
নওয়াগেত জয় তাবয়া।

****

অনা ইঞিঞ্ কামি

(অঁনড়হে)

গুরুদাস মুর্ম্

নেঁহর আতে আখেরঃ কান্ বেড়ায় মেনেৎ
অকয়্যাপে হাতাও হাতাড় নিতঃ ইঞঃ কামি।
আঞম্ কাতে ধারতিদয়্ কয়গ্ হেমেড় মেয়ৎ,
হপন্ হপন্ দেউহে দ পাখা খনে মেনেৎ
ইঞঃ যা সামাস্তা অনা ইঞিঞ্ কামি।।

****

হড়্ আঃ লাচ্ রে ফাঁকি

(অঁনড়হে)

ঁগুরুদাস মুর্মূ

লাচ্ রেসেচ্ তাঁহেন্ তেদ অকয়
লাজাওয়ৌঞ?
লৌইতেনাঃ যা মেনাঃ আ ঝত নিতঃ লৌই
আঞ।
বিষয় আশয় সমল্ তাঁহেঃ কান্ তিঞৌ,
হান্তা দাকা ফুরগীল গেচয় রেচ্ কিদিঞা।
ধারতিরে যাহায় আয়ো দাকায় এমেৎ তাঁহেন,
উনি আয়ো ইঁ তেহেঞ ককয়ে সাজাও এন্।
কিরিঞতে ধিরি মেশা খোদে চাওলে,
হড়্ হপন্ ক লাগিৎ দ বাং কুড়াঃ আ তাহলে।
ফুড়ুঃ মৌন্ডি লাগিৎ হায় হায়তে দিন্ চালাঃ,
দিন্ দিনতে ঞূর চাবাঃ দাড়ে ধিমৌন শালাঃ।
ফুরগীল্ ঞাম্ কাতে ইঁ দুক দ বানুঃ বৌকি,
ফুরগীল্ দিশমরেগে হড়াঃ লাচ্ রে নঅয়্
ফাঁকি।

****

বাখরা দেবন্ হঁর আ

(অঁনড়হে)

ঁগুরুদাস মুর্মূ

ভারত্ জ বেলে সেবেল্ ঞুটুঃ ঞুটুঃ,
চেপেচ্ জং কানা ক বাঁইরী ঞুড়ুঃ সুটুঃ।
আম্ দ আদিবাসী রেসেচ্ তে লুটুঃ লুটুঃ,
উদ্ আম্ উলিদাঃ খীলি উড়ুঃ সুটুঃ।
আদ জানাম্ আমাঃ নওয়া ভারত্ বুটী,
নিতইঁ মেনাম্ চেদাঃ মাসে রিঠী রুঠী।

ভারত্ জ দ কেচাঃ কেদা ক তারওয়াড়িতে খাঁটি,
হিন্দুস্হান্ পাকিস্তান্ ভৌত্ দ উটি উটি।
সার্ ক তেরাং কেদা অঁপৗড়ি উগলি দিশম্ টাটি,
আম্ দ আদিবাসী বধাও এনাম্ এঞলতে লপং টুটি।
সেটের আকান্ দিন্ তেহেঞ সৗরদি লল সিতুং উড়ুং পুটুং,
দেসে হো সাতোঃ পে দিশম্ সেঁন্দরা বাবন্ তাঁহেন্ আড়ুং ঝাঁটুং।

ইঞ দ ডেও এৎ ডেও ৎ সিঞ সৗটুপ্,
ধুরৗও আকানাঞ আবো আঃ বাখরা পাটুপ্।
দেলা হো দিশম্ বয়হা দেলা আটুপাটু,
উসৗরাতে বাখরা দেবন্ হৗর্ আ কুরুমুটু।

****

সিঁড়িচ্

-গুরুদাস মুর্মূ

(দং সেরেঞ)

ধুরৗও আকনাক ডিঙীর্ আড়িচ্ টাড়িচ্,
জৗতি সমাজ্ চেতান্ ইড়িচ্ চিকিচ্।
জৗতি সমাজ্ চেতান্ ইড়িচ্ চিকিচ্।
ইঞ দ বৗপুড়িচ্ মনে বাড়িচ্,
হায়্ হায়্,
এঞল্ কাতে আবো সমাজ্ সিঁড়িচ্।
এঞল্ কাতে আবো সমাজ্ সিঁড়িচ্।

****

দে এভেনঃ পে

(অঁনড়হে)

গুরুদাস মুর্মূ

তপল্ আকান নালহা তুমৌল চাষী হড়্ ক,
আবো নিতইঁ চেদাঃ মাসে জৌপিৎ হাপেগে।
আবো গেবন কারধীনী আবো কামিতেন্ ক,
এনইঁ চেদাঃ হালত্ তাবন্ আডি নাচার গে?
হালত্ তাবোয় বোগে মেন্ তে সরকার এমেৎ
ফর্দ আডিরং,
আসল্ কামিরেদ বৗনুঃ একেন্ চুঁচ্ ভং চং।
আবো ভৗলৌই আহিগৗহি চেতান্ রেগে
মেনায়,
অন্তর্ তায়্ দ একাল্ গেচং হাড়হাৎ হেতেল্
হেতে।
আদ মাসে কেওডেডে তিন্ দিন্ বন্ তাঁহেনা?
মেন্ মেন্ মেন বেঙেদ্ পে হো, দে এভেন্
পেনা।
সেটের্ আকান্ অক্ত পাঠে কেঠেচ্ তাক্ দ,
ভোটরেবন্ এতমেয়া ক্রিঁরেয়াবন্ ফারাক্ দ।
মেৎ লুতুর্ তাঁহেন্ তুলুচ্ চেদাঃ কাড়া বন্
সাজাঃ?
বুদ্ বিচৗর্ দাঁড়ে মেনাঃ বুঝৗও আবন্ কাজাঃ। 24

আদ মাসে কেওয়েডেডে তিন্ দিন্ বন্
তাঁহেন্?
মেন্ মেন্ মেন্ বেসেদ্ পে হো, দে এভেন্
পেনা।
ভোট্ তে পাঠে কেটেচ্ গদী, দেবন্ রাঁঢ় খঁন্ড,
আদ নিতঃ চেঠায়াবন্ আদিম জাহের্ খঁন্ড।
আদ মাসে কেওয়েডেডে তিন্ দিন্ বন্
তাঁহেন্?
মেন্ মেন্ মেন্ বেসেদ্ পে হো, দে এভেন্
পেনা।

****

সৗগুন্ সাক্ওয়া

ঁগুরুদাস মুর্মূ

(লাগড়ে রাহা)

মারাং বুরু সৗগুন্ সাক্ওয়া
দেবন্ অরং সাড়েয়া,
মারাং বুরু সৗগুন্ সাক্ওয়া
দেবন্ অরং সাড়েয়া,
দেবন্ তেঁগোন আদিবাসী বীর হো,
দেবন্ তেঁগোন আদিবাসী বীর।
দেবন্ তেঁগোন আদিবাসী বীর হো,
দেবন্ তেঁগোন আদিবাসী বীর।

আদিবাসী স্বরাজ্ হাতাও,
দেবন্ লাহাঃ গির্ গির্,
দেবন্ তেঁগোন আদিবাসী বীর।
মারাং বুরু সৗগুন্ সাক্ওয়া
দেবন্ অরং সাড়েয়া,
দেবন্ তেঁগোন আদিবাসী বীর।
দেবন্ তেঁগোন আদিবাসী বীর হো,
দেবন্ তেঁগোন আদিবাসী বীর।

দিশম্ রাজ্ আঃ রেডেৎ রভচ্,
কিষাঁড় কওয়াঃ সিপোৎ পটচ্,
আদ বাবন্ সাহাও আ,
দেবন্ তেঁগোন আদিবাসী বীর।
মারাং বুরু সৌগুন্ সাকৃওয়া
দেবন্ অরং সাডেয়া,
দেবন্ তেঁগোন আদিবাসী বীর।
দেবন্ তেঁগোন আদিবাসী বীর হো,
দেবন্ তেঁগোন আদিবাসী বীর।

দিশম্ রাজ্ আঃ ঔন্ ঔরবন্ পীশিরা,
আদিবাসী স্বরাজ্ হাতাও জৌরি দেবন্
জিগিরা,
দেবন্ তেঁগোন আদিবাসী বীর।
মারাং বুরু সৌগুন্ সাকৃওয়া
দেবন্ অরং সাডেয়া,
দেবন্ তেঁগোন আদিবাসী বীর।
দেবন্ তেঁগোন আদিবাসী বীর হো,
দেবন্ তেঁগোন আদিবাসী বীর।

বীইরি ক গে ফুরগীল্ রাসা,
চেপেচ্ কান্ ক হেড়েম্ কাসা,
আদ্ বাবন্ তাঁহেন্ থির্,
দেবন্ তেঁগোন আদিবাসী বীর।
মারাং বুরু সৌগুন্ সাক্ওয়া
দেবন্ অরং সাডেয়া,
দেবন্ তেঁগোন আদিবাসী বীর।
দেবন্ তেঁগোন আদিবাসী বীর হো,
দেবন্ তেঁগোন আদিবাসী বীর।

সংবিধান্ বন্ খঁড় রজা,
ঔন্ ঔরি বন্ তরজা,
কড়াম্ চেটাঃ কাতে আব
এঁতাৎ দেবন্ সাহায়া,
দেবন্ তেঁগোন আদিবাসী বীর।
মারাং বুরু সৌগুন্ সাক্ওয়া
দেবন্ অরং সাডেয়া,
দেবন্ তেঁগোন আদিবাসী বীর।
দেবন্ তেঁগোন আদিবাসী বীর হো,
দেবন্ তেঁগোন আদিবাসী বীর।

বাবন্ তাঁহেন্ লেল্ হা টুওয়াঁর,
দেবন্ লাড়াগ্ স্বরাজ্ দুওয়াঁর,
দেবন্ তেঁগোন্ আদিবাসী বীর দ,
দেবন্ তেঁগোন্ আদিবাসী বীর।
মারাং বুরু সৌগুন্ সাক্ওয়া
দেবন্ অরং সাডেয়া,
দেবন্ তেঁগোন আদিবাসী বীর।
দেবন্ তেঁগোন আদিবাসী বীর হো,
দেবন্ তেঁগোন আদিবাসী বীর।

ভারত্ হমর্ পেরেচ্ আনেচ্ ধানেচ্,
আবো গেবন্ কামি কড়াম্ অড়েচ্।
আদ্ বাবন্ তাঁহেন্ থির্,
দেবন্ তেঁগোন আদিবাসী বীর।
মারাং বুরু সৌগুন্ সাক্ওয়া
দেবন্ অরং সাডেয়া,
দেবন্ তেঁগোন আদিবাসী বীর।
দেবন্ তেঁগোন আদিবাসী বীর হো,
দেবন্ তেঁগোন আদিবাসী বীর।

নামাল্ কাছাড়্ রাবাং সিতুং,
খাটাঃ আবন্ এরা হপন্,
এনইঁ উকুর্ লাচ্ দ বিঃ?
দেবন্ তেঁগোন আদিবাসী বীর।
মারাং বুরু সৌগুন্ সাকওয়া
দেবন্ অরং সাড়েয়া,
দেবন্ তেঁগোন আদিবাসী বীর।
দেবন্ তেঁগোন আদিবাসী বীর হো,
দেবন্ তেঁগোন আদিবাসী বীর।

ফুরগীল্ দাকা বাঁইরী ক মা হাটাঃ হাটাঃ,
আবো দবন্ কয়ঃ আকাৎ মাটাঃ মাটাঃ,
দেবন্ তেঁগোন আদিবাসী বীর।
মারাং বুরু সৌগুন্ সাকওয়া
দেবন্ অরং সাড়েয়া,
দেবন্ তেঁগোন আদিবাসী বীর।
দেবন্ তেঁগোন আদিবাসী বীর হো,
দেবন্ তেঁগোন আদিবাসী বীর।

রাজধানীরে রাজকৌমিরে,
ঔপিস্ করে কারখানারে,
 আদ্ বাবন্ তাঁহেন্ থির্,
দেবন্ তেঁগোন আদিবাসী বীর।
মারাং বুরু সৌগুন্ সাক্ওয়া
দেবন্ অরং সাডেয়া,
দেবন্ তেঁগোন আদিবাসী বীর।
দেবন্ তেঁগোন আদিবাসী বীর হো,
দেবন্ তেঁগোন আদিবাসী বীর।

দেবন্ এভেন্ আদিম্ যধা,
বাবন্ বাতাও অকা বাধা,
দেবন্ তেঁগোন আদিবাসী বীর।
মারাং বুরু সৌগুন্ সাক্ওয়া
দেবন্ অরং সাডেয়া,
দেবন্ তেঁগোন আদিবাসী বীর।
দেবন্ তেঁগোন আদিবাসী বীর হো,
দেবন্ তেঁগোন আদিবাসী বীর।

ছুটীঃ আবন্ অদা বৗদি,
স্বরাজ্ হাতাও রাদা রাদি,
দেবন্ তেঁগোন আদিবাসী বীর।
মারাং বুরু সৗগুন্ সাক্ওয়া
দেবন্ অরং সাডেয়া,
দেবন্ তেঁগোন আদিবাসী বীর।
দেবন্ তেঁগোন আদিবাসী বীর হো,
দেবন্ তেঁগোন আদিবাসী বীর।

মায়াঃ চাহেঃ ঔতুঃ গে,
স্বরাজ্ দেবন্ চাচাগ্ গে,
দেবন্ তেঁগোন আদিবাসী বীর।
মারাং বুরু সৗগুন্ সাক্ওয়া
দেবন্ অরং সাডেয়া,
দেবন্ তেঁগোন আদিবাসী বীর।
দেবন্ তেঁগোন আদিবাসী বীর হো,
দেবন্ তেঁগোন আদিবাসী বীর।

হেলেচ্ কাতে এড়ে সুড়ুচ্ ঠাটার্ বৗজ,
বৗইশাও আবন্ অটোনমাস্ আদিম্ স্বরাজ,
দেবন্ তেঁগোন আদিবাসী বীর।
মারাং বুরু সৌগুন্ সাক্ওয়া
দেবন্ অরং সাডেয়া,
দেবন্ তেঁগোন আদিবাসী বীর।
দেবন্ তেঁগোন আদিবাসী বীর হো,
দেবন্ তেঁগোন আদিবাসী বীর।

বৗইরী শিকিড় ইকিল্ শিকিল্,
দেবন্ অচগ্ আডি সিগিল্,
দেবন্ তেঁগোন আদিবাসী বীর।
মারাং বুরু সৌগুন্ সাক্ওয়া
দেবন্ অরং সাডেয়া,
দেবন্ তেঁগোন আদিবাসী বীর।
দেবন্ তেঁগোন আদিবাসী বীর হো,
দেবন্ তেঁগোন আদিবাসী বীর।

স্বরাজ্ বেগর্ ভৌলৌই বানুঃ,
বাবন্ ঞামা তিঁসইঁ মুলুক্,
দেবন্ তেঁগোন আদিবাসী বীর।
মারাং বুরু সৌগুন্ সাক্ওয়া
দেবন্ অরং সাডেয়া,
দেবন্ তেঁগোন আদিবাসী বীর।
দেবন্ তেঁগোন আদিবাসী বীর হো,
দেবন্ তেঁগোন আদিবাসী বীর।

অটাং আবন্ স্বরাজ্ চির্,
লাগে লাগাঃ মায়াং জিল্,
দেবন্ তেঁগোন আদিবাসী বীর।
মারাং বুরু সৌগুন্ সাক্ওয়া
দেবন্ অরং সাডেয়া,
দেবন্ তেঁগোন আদিবাসী বীর।
দেবন্ তেঁগোন আদিবাসী বীর হো,
দেবন্ তেঁগোন আদিবাসী বীর।

****

জাঁহের্ খঁন্ড

(দং সেরেঞ্)
গুরুদাস মুর্মূ

জাঁহের্ খঁন্ডে হহয় তাড়াস্ তাড়াস্,
লগন্ সাব্ পে বাবু দিশম্ আড়াস্।
হীঁডি পাউরী ঞুতেম্ আলালোরেনা,
ভারত্ বহঃ শোড়েম্ পীঙুড়েনা।

দিকু হিন্দুস্হান্, তুড়ুক্ পাকিস্হান,
ভারত্ দিশম্ দক চিরীওয়ানা।
আম্ দরে ঝেঁট্ বেটা চাপোজোড়ো চপচ্
সিঠী
আদিম্ স্বরাজ্ তাম্ দ অকায়েনা?

হিন্দুস্হান্ রাজ্তাম্ এঁগা আপা তেঁগোনাম্,
বাংলে লকা হারাঃ পেড়তা তেদ।
ঝেঁটবেটা বহঃরুন্ডা ছুহি কেদেম্ বহঃছুন্ডা,
আদিম্ স্বরাজ্ ছুন্ডা এমালেম্ দ।

হিন্দুস্হান্ রাজভোর্
এয়ায় বছর্ নিজোর্,
ডাঁন্ডা ছুরলীঃ কানা
হাল্লাক্ অঁচুর্।

বাঙলে হিঁসৌলিয়া, বাঙলে এতমঃ,
আলম্ চিলৌসিয়া স্বরাজ্ এমঃ।
যুগ্ জাপাঃ রেয়াঃ দিশম্ তালে,
চেদাঃ নিতইঁ আলেম্ আপাৎ এৎলে।

বাঙলে আপাল্ আদঃ,
ট্রাইবাল্ ভৌলৌই বডে দাঃ তে,
দে এমালেম্ স্বরাজ্ আলে তি রে।
মজগে জানাম্ দিশম্,
সোহাগ্ জানাম্ রড়ূ,
আদিম্ স্বরাজ্ রে লে চুমৌড়ায়া।

আদিম্ স্বরাজ্ চির্
অটাং আলে ফির্ ফির্,
আলম্ অতায় আড়াস্ রৌপুদঃ আ।
স্বরাজ্ হহয়েদায়
ছাঁদন্ তপাঃ এদায়,
অঁটপে আদিম্ আড়াস্ আপে তি তে।

****

লাগড়ে সেরেঞ

ডাঃ চিরঞ্জীব মুর্মূ

জৌত্ ধরম্ পারসি
অনা গেতাম্ আরসি,
জৌত্ ধরম্ পারসি
অনা গেতাম্ আরসি,
তিনাঃ মাসে চরকা,
আৎলেন্ খান্ তবেম্ বুঝাও আ।

জৌত্ ধরম্ পারসি
অনা গেতাম্ আরসি,
জৌত্ ধরম্ পারসি
অনা গেতাম্ আরসি,
তিনাঃ মাসে চিকৌড়া,
আৎলেন্ খান্ তবেম্ বুঝাও আ।

****

পারসি লাগিৎ

দং রাহা/অনড়হেঁ
গুরুদাস মুর্মূ

ধারতি মুলুক্ রে দেবন্ তুলা রড়্,
ধারতি মুলুক্ রে দেবন্ তুলা রড়্,
বাবন্ আড়াগা,বাবন্ আড়াগা
আবোয়াঃ দড়্।

ধারতি মুলুক্ রে তিরে গ্রামঃ ওড়্
ধারতি মুলুক্ রে তিরে গ্রামঃ ওড়্,
তবে জানাম্ রড়্, তবে জানাম্ রড়্,
লাহাঃ এ তড়্।

আবো আপান্ আপিন্ গীলিম্
নিতঃ অকয় এমা তালিম্?
জীত্ পারসি সমাজ্ ধরম্ আরি তাবন্ বাচং
লিকম্।

দেলা দিশম্ হড়্ মহল্ রেনাঃ ফড়্,
তুল্ রাকাবাবন্ মুলুক্ দিশম্ দড়্,
দেলা বাবা ক শালায়াবন্ রড়্।

হড়াঃ পারসি দারে হান্ডে নান্ডে,

জ এন্ তাক গান্ডে গান্ডে।
পপংড়া লাগিৎ দ উকুর্ হায়রে,
ইঞ্জিঞ্জ রহয় আদ্ পারসি দারে।

জৌত্ সমাজ্ ধরম্
ধীরতি চেতান্ রম্ ঝম্,
টারহাও তাঁহেন্ তাবন্ চিকাকাতে?

অঁজরা মনে সাফায়মে
গ পারসি সেড়ায় মে,
বয়হা বয়হা তোপোৎ দে বাগিন্ মে।
বয়হা বয়হা তোপোৎ দে বাগিন্ মে।।

****

পুখরী

-গুরুদাস মুর্মূ

(দং সেরেঞ)

গাঁয়ঠা বির্ রে পোডগে পুখরী
হেঁদে গে দাঃ,
গাঁয়ঠা বির্ রে পোডগে পুখরী
হেঁদে গে দাঃ।

বির্ কাহু কিসনী আলরেপে বডেয়া,
গাতিঞ রিলৌমালা দাঃ এ ঞুয়া,
গাতিঞ রিলৌমালা দাঃ এ ঞুয়া।

****

সমাজ্ গান্ডে কাতে

(অনড়হেঁ)

গুরুদাস মুর্মূ

অকয়্ উরৌল্ তে?
অকয়্ তুকুচ্ তে?
দিকু কলেজ্ কুড়ি বাহু কাতে,
জৌত্ সমাজ্ ধরম্ গান্ডে কাতে।

হড়্ ক এঞ্এঞল্ কেনে কতে,
বোগেতেক বিঁড়ুচ্ গতে,
জৌত্ সমাজ্ ধরম্ গান্ডে কাতে।

****

ওলো ডোঁডো

(অনড়হেঁ)

গুরুদাস মুর্মূ

ফুরগীল্ দিশম্ রে লুঠু কুডু কগে ফীর্ ফার্,
লাহাঃ কান্ ক আক যে যার্ তেতার্।
আম্ দ আদিবাসী বাং এম্ বাডায় লাহা সেনঃ
তার্ ঘার্,
মলং উদুঃ কাতে চেদাম্ পীছারুয়ৗড়্ ছর্
ফার্।

আম্ জেঁবেৎ কাতে আকো দ লড় লড,
ফুগীল্ দিশম্ রে আম্ দ বানুঃ তামা দুড়ুপ্
গান্ড।
আম্ চেতান্ বাজাঃ আঝাট্ হয় ভান্ডো,
আম্ ক সাজাও কেৎ মে একাল্ ওলো
ডোঁডো।

****

মায়াং

(পাতা সেরেঞ)
ঁ গুরুদাস মুর্মূ

পোঁড় ধিরি দ পোঁড় গে,
হেঁদে ধিরি দ হেঁদে গে।
পোঁড় ধিরি মায়াং দ পোঁড় গে,
হেঁদে ধিরি মায়াং দ হেঁদে গে।
পোঁড় মায়াং - হেঁদে মায়াং,
চিকৌতে মেশায়েন্?
চিকৌতে মেশা মিলৌও এন্।
চিকৌতে মেশায়েন্?
চিকৌতে মেশা মিলৌও এন্।

****

চিকালেকা তেকিন্ জুরিয়েন্?

(দং সেরেঞ্)

গুরুদাস মুর্মূ

এটাঃ হপন্ এরা,
এটাঃ হপন্ সাঁও,
চিকালেকা তেকিন্ জুরিয়েন্?
চিকালেকা তেকিন্ জুরি মিলৗও এন্?

দারে রে মাত্কম্ রাসাওয়ানা,
জ রে কুঁইডি দ শুনুমানা,
 এটাঃ হপন্ এরা,
এটাঃ হপন্ সাঁও,
চিকালেকা তেকিন্ জুরিয়েন্?
চিকালেকা তেকিন্ জুরি মিলৗও এন্?

****

মিদুন্

(সহরায় সেরেঞ)
ডাঃ চিরঞ্জীব মুর্মূ

তিমিন্ দিন্ খন্ নেন্ডা নেন্ডা
মিদুন্ দৗই্ না সেটেরেন্,
তিমিন্ দিন্ খন্ নেন্ডা নেন্ডা
মিদুন্ দৗই্ না সেটেরেন্,
বয়হা বুহিন্ মন্ দ দৗই্ না রেয়াড়্ উতৗর্ এন্।
মিদুন্ দৗই না সেটেরেন্,
বয়হা বুহিন্ মন্ দ দৗই্ না রেয়াড়্ উতৗর্ এন্।

তিমিন্ দিন্ খন্ নেন্ডা নেন্ডা
মিদুন্ দাদা সেটেরেন্,
তিমিন্ দিন্ খন্ নেন্ডা নেন্ডা
মিদুন্ দাদা সেটেরেন্,
বয়হা বুহিন্ মন্ দ দাদা রেয়াড়্ উতৗর্ এন্।
মিদুন্ দাদা সেটেরেন্,
বয়হা বুহিন্ মন্ দ দাদা রেয়াড়্ উতৗর্ এন্।

লাহা সের্মা লাহা সের্মা
মিদুন্ দাদা গটালেন্
লাহা সের্মা লাহা সের্মা
মিদুন্ দাদা গটালেন্,
এনইঁ চেদাঃ নেন্ডা তেগে ফাগুন্ বলয়েন্।
মিদুন্ দাদা গটালেন্,
এনইঁ চেদাঃ নেন্ডা তেগে ফাগুন্ বলয়েন্।

তিমিন্ দিন্ খন্ নেন্ডা নেন্ডা
মিদুন্ দাদা সেটেরেন্,
তিমিন্ দিন্ খন্ নেন্ডা নেন্ডা
মিদুন্ দৗই্ না সেটেরেন্,
বয়হা বুহিন্ মন্ দ দাদা রেয়াড়্ উতৗর্ এন্।
মিদুন্ দাদা সেটেরেন্,
বয়হা বুহিন্ মন্ দ দৗই্ না রেয়াড়্ উতৗর্ এন্।

****

হিহিড়ি খন্ পিপিড়িতে

(পাতা সেরেঞ)

ডাঃ চিরঞ্জীব মুর্মূ

হিহিড়ি খন্ পিপিড়ি তে
সেটেরেনাবন্ ঝত,
হিহিড়ি খন্ পিপিড়ি তে
সেটেরেনাবন্ ঝত,
তড়ে সুতাঁম্, সাসাং গিরৌ
আলম্ তপাগা।
তড়ে সুতাঁম্, সাসাং গিরৌ
আলম্ তপাগা।

হিহিড়ি খন্ পিপিড়ি তে
সেটেরেনাবন্ ঝত,
হিহিড়ি খন্ পিপিড়ি তে
সেটেরেনাবন্ ঝত,
তড়ে সুতাঁম্, সাসাং গিরৌ
জগাও যতন্ মে।
তড়ে সুতাঁম্, সাসাং গিরৌ
জগাও যতন্ মে।

হিহিড়ি খন্ সাসাং বেডা
সেটেরেনাবন্ ঝত,
হিহিড়ি খন্ সাসাং বেডা
সেটেরেনাবন্ ঝত,
তড়ে সুতৗম্ , সাসাং গিরৗ
আলম্ তপাগা।
তড়ে সুতৗম্ , সাসাং গিরৗ
আলম্ তপাগা।

হিহিড়ি খন্ সাসাং বেডা
সেটেরেনাবন্ ঝত,
হিহিড়ি খন্ সাসাং বেডা
সেটেরেনাবন্ ঝত,
তড়ে সুতৗম্ , সাসাং গিরৗ
জগাও যতন্ মে।
তড়ে সুতৗম্ , সাসাং গিরৗ
জগাও যতন্ মে।

****

এ হো এ হো খেরওয়াল্

(লাগড়ে সেরেঞ)

ডাঃ চিরঞ্জীব মুর্মূ

এ হো এ হো খেরওয়াল্
দেবন্ লাহাঃ চুরমার্,
এ হো এ হো খেরওয়াল্
দেবন্ লাহাঃ চুরমার্,
আম্ দ চেদাঃ তায়ম্ রে ?
আম্ দ য়া একাল্ ছুডঁর্ রে।
আম্ দ চেদাঃ তায়ম্ রে ?
আম্ দ য়া একাল্ ছুডঁর্ রে।

আদিবাসী স্বরাজ্ হাতাও
দেবন্ লাহাঃ চুরমার্,
আদিবাসী স্বরাজ্ হাতাও
দেবন্ লাহাঃ চুরমার্,
আম্ দ চেদাঃ তায়ম্ রে ?
আম্ দ য়া একাল্ ছুডঁর্ রে।
আম্ দ চেদাঃ তায়ম্ রে ?
আম্ দ য়া একাল্ ছুডঁর্ রে।

****